W0344836

RUDOLF STEINER

... ET INCARNATUS EST ...
DIE UMLAUFSZEITEN GESCHICHTLICHER EREIGNISSE

RUDOLF STEINER

. . . Et incarnatus est . . .

Die Umlaufszeiten geschichtlicher Ereignisse

Ein Vortrag in Basel
am 23. Dezember 1917

1988

RUDOLF STEINER VERLAG
DORNACH / SCHWEIZ

Nach einer vom Vortragenden nicht durchgesehenen Nachschrift,
herausgegeben von der Rudolf Steiner-Nachlaßverwaltung.

Die Herausgabe besorgte Ulla Trapp

EINZELAUSGABE

1. Auflage Dornach 1933
2. Auflage Dornach 1956
3. Auflage Dornach 1988

Sonderdruck aus Bibliographie-Nr. 180
«Mysterienwahrheiten und Weihnachtsimpulse»
Rudolf Steiner Gesamtausgabe Dornach 1980

Einbandgestaltung von Assja Turgenieff

Printed in Germany by Greiserdruck, Rastatt

ISBN 3-7274-5231-5

Zu den Veröffentlichungen aus dem Vortragswerk von Rudolf Steiner

Die Grundlage der anthroposophisch orientierten Geisteswissenschaft bilden die von Rudolf Steiner (1861 - 1925) geschriebenen und veröffentlichten Werke. Daneben hielt er in den Jahren 1900 bis 1924 zahlreiche Vorträge und Kurse, sowohl öffentlich wie auch für die Mitglieder der Theosophischen, später Anthroposophischen Gesellschaft. Er selbst wollte ursprünglich, daß seine durchwegs frei gehaltenen Vorträge nicht schriftlich festgehalten würden, da sie als «mündliche, nicht zum Druck bestimmte Mitteilungen» gedacht waren. Nachdem aber zunehmend unvollständige und fehlerhafte Hörernachschriften angefertigt und verbreitet wurden, sah er sich veranlaßt, das Nachschreiben zu regeln. Mit dieser Aufgabe betraute er Marie Steiner-von Sivers. Ihr oblag die Bestimmung der Stenographierenden, die Verwaltung der Nachschriften und die für die Herausgabe notwendige Durchsicht der Texte. Da Rudolf Steiner aus Zeitmangel nur in ganz wenigen Fällen die Nachschriften selbst korrigieren konnte, muß gegenüber allen Vortragsveröffentlichungen sein Vorbehalt berücksichtigt werden: «Es wird eben nur hingenommen werden müssen, daß in den von mir nicht nachgesehenen Vorlagen sich Fehlerhaftes findet.»

Über das Verhältnis der Mitgliedervorträge, welche zunächst nur als interne Manuskriptdrucke zugänglich waren, zu seinen öffentlichen Schriften äußert sich Rudolf Steiner in seiner Selbstbiographie «Mein Lebensgang» (35. Kapitel). Der entsprechende Wortlaut ist am Schluß dieser Ausgabe wiedergegeben. Das dort Gesagte gilt gleichermaßen auch für die Kurse zu einzelnen Fachgebieten, welche sich an einen begrenzten, mit den Grundlagen der Geisteswissenschaft vertrauten Teilnehmerkreis richteten.

Nach dem Tode von Marie Steiner (1867 - 1948) wurde gemäß ihren Richtlinien mit der Herausgabe einer Rudolf Steiner Gesamtausgabe begonnen. Die vorliegende Einzelausgabe ist dem auf Seite 4 genannten Band der Gesamtausgabe entnommen.

INHALT

. . . ET INCARNATUS EST . . .

DIE UMLAUFSZEITEN GESCHICHTLICHER EREIGNISSE

Basel, 23. Dezember 1917

Der Sinn, der verbunden ist mit der Kraft des menschlichen Sehnens, wie sie viele Jahrhunderte hindurch in den menschlichen Herzen Platz gegriffen hat mit dem Feste, dessen Symbolum in der neueren Zeit der Weihnachtsbaum geworden ist, dieser Sinn ist auszudrücken in den Worten, die da ertönen seit dem Beginn der Zeitrechnung, welche vom Mysterium von Golgatha ausgeht, und die sich in die Entwickelung des Erdenwesens weiter hineinverpflanzen sollen. Dieser Sinn, der durch diese Zeit hindurchleuchtet, ist verbunden mit den Worten: *«Et incarnatus est de spiritu sancto ex Maria virgine.»*

Man darf sagen, ein großer Teil der neueren Menschheit wird mit den Worten «Et incarnatus est de spiritu sancto ex Maria virgine» ebensowenig Bedeutung verbinden wie mit dem Auferstehungsmysterium der Osterzeit. Man darf gewissermaßen sagen, so unwahrscheinlich es dem nicht mehr der spirituellen Welt zugewandten neueren Sinn erscheint, das Mittelpunktsmysterium des Christentums in der Auferstehung vom Tode zu sehen, ebensowenig erscheint es demselben Denken, demselben Empfinden wahrscheinlich, die geistige Tatsache anzunehmen, die mit dem Weihnachtsmysterium verbunden ist: die Fleischwerdung, die Verkörperung aus der jungfräulichen Geburt heraus. Ja, man kann wohl sagen, ein großer Teil der neueren Menschheit wird dem Naturforscher, welcher das Mysterium der jungfräulichen Geburt genannt hat «eine freche Verhöhnung der menschlichen Vernunft», mehr zustimmen als demjenigen, der im spirituellen Sinne dieses Mysterium ernst nehmen will.

Und dennoch, in dem christlichen Sinne ist das Mysterium von der Inkarnation vom Heiligen Geiste aus Maria der Jungfrau heraus geltend seit dem Mysterium von Golgatha. In einem andern Sinne war es gültig bereits vor dem Mysterium von Golgatha. Diejenigen, welche dem in der Krippe liegenden Kind dargebracht haben die Symbole, oder besser gesagt die symbolischen Gaben Gold, Weihrauch, Myrrhen, sie haben in den Sternen gelesen im Sinne der alten Wissenschaft seit Jahrtausenden das Mysterium von der jungfräulichen Geburt, also das Weihnachtsmysterium. Und sie, die Magier mit dem Golde, dem Weihrauch, den Myrrhen, sie sind gekommen, weil sie die Zeichen der Zeit geschaut haben. Was waren das für Zeichen der Zeit? Die Magier mit dem Golde, dem Weihrauch, den Myrrhen, sie waren in dem Sinne, in dem die alte Weisheit dies verstand, Astrologen. Sie waren bekannt mit jenen geistigen Vorgängen, die sich im Kosmos abspielen, wenn sich gewisse Zeichen am Himmel zeigen.

Ein solches Zeichen war für sie, daß in der Nacht vom 24. auf den 25. Dezember — in dem Jahre, das wir heute als das der Geburt des Christus Jesus bezeichnen — die Sonne, das große Weltensymbolum des Weltenerlösers, herfunkelte vom Himmelsgewölbe, herfunkelte aus dem Sternbilde der Jungfrau. Sie sagten, wenn die Konstellation am Himmel eintreten werde, daß die Sonne in der Nacht vom 24. auf den 25. Dezember in dem Sternbilde der Jungfrau stehen werde, dann wird mit der Erde eine wichtige Verwandlung vor sich gehen. Dann ist die Zeit gekommen, wo wir das Gold, das heißt das Symbolum unserer Erkenntnis der göttlichen Weltenlenkung, die wir bisher in den Konstellationen der Sterne allein gesucht haben, darbringen werden jenem Impuls, der sich einfügt der irdischen Menschheitsentwickelung; wo wir den Weihrauch, den Opfersinn, der zu gleicher Zeit symbolisiert die höchste menschliche Tugend, so hinzuopfern haben, daß wir uns zur Verrichtung dieser höchsten menschlichen Tugend verbinden mit der Kraft, die von dem Christus ausgeht, der inkarniert werden soll in derjenigen menschlichen Persönlichkeit, der wir den Weihrauch als symbolische Gabe darbringen; und als drittes die Myrrhen als das Symbolum desjenigen, was ewig ist im Menschen. Was wir verbunden gefühlt haben durch die Jahrtausende mit den Kräften, die aus den Sternenkonstellationen herunter sprechen, wir suchen es im weiteren, indem wir es als Gabe darbringen Dem, der der Menschheit ein neuer Impuls werden sollte. Wir suchen unsere Unsterblichkeit dadurch, daß wir unsere Seele verbinden dem

Impulse des Christus Jesus. Wenn aus der Jungfrau das kosmische Symbolum der Weltenkraft, der Sonnen-Weltenkraft, herunterleuchten wird, dann wird eine neue Erdenzeit beginnen.

So war es geglaubt, so war es angesehen durch Jahrtausende hindurch. Und als sich die Magier veranlaßt fühlten, die Weisheit vom Göttlichen, den menschlichen Tugendsinn, die Erfühlung der menschlichen Unsterblichkeit — symbolisch ausgedrückt in Gold, Weihrauch und Myrrhen — hinzulegen vor dem göttlichen Kinde, da wiederholten sie als in einem geschichtlichen Ereignisse dasjenige, was in unzähligen Mysterien, in unzähligen Opferhandlungen durch die Jahrtausende eben symbolisch dargestellt worden ist, indem man wie eine prophetische Hinweisung auf das Ereignis, das eintreten sollte, wenn die Sonne um die Mitternacht vom 24. auf den 25. Dezember aus der Jungfrau vom Himmel herunterscheint, dem symbolischen Götterkinde, das in den alten Tempeln als der Repräsentant der Sonne aufbewahrt wurde, in dieser Weihnachtsnacht opferte Gold, Weihrauch, Myrrhen. So spricht auf christliche Weise das «Incarnatus est de spiritu sancto ex Maria virgine» seit bald zwei Jahrtausenden, so spricht dasselbe Incarnatus seit Menschengedenken auf der Erde. Die Zeit, in der wir leben, ihr gegenüber stellen wir die Frage: Wissen die Menschen noch so recht, wozu sie eigentlich aufschauen sollen, wenn sie ihr Weihnachtsfest feiern? Ist in der Gegenwart ein volles Bewußtsein vorhanden davon, daß aus kosmischen Höhen, unter kosmischen Zeichen erschienen ist eine Weltenkraft durch jungfräuliche Geburt, im spirituellen Sinne erfaßt, und daß die Weihnachtslichter in unser Herz gießen sollen ein Bewußtsein davon, daß die menschliche Seele verbunden ist, durch ihre innigsten Bande verbunden ist mit dem, was da nicht nur als ein irdisches Ereignis, was als ein kosmisch-irdisches Ereignis erschaut werden kann?

Die Zeiten sind ernst, und es ist wohl auch angemessen, in solchen ernsten Zeiten Fragen wie die eben aufgeworfenen in heiligen Stunden sich ernst zu beantworten. Und so wollen wir denn einmal zunächst eine kleine Umschau halten bei Gedanken von besten Mitgliedern der Menschheit im abgelaufenen 19. Jahrhundert, um zu sehen, ob die Idee des Christus Jesus so lebte in der neueren Menschheit, daß wir finden können: das Weihnachtsmysterium hat seinen Sinn dadurch, daß die Menschheit ein Ewiges feiern will unter dem Schein der Weihnachtslichter.

Wir wollen uns einige Stimmen bester Persönlichkeiten des 19. Jahrhunderts vergegenwärtigen. Zunächst seien Worte einer Persönlichkeit angeführt, die sich viel beschäftigt hat mit der Ergründung des Wesens Jesu, die versucht hat, ein Bild von dem Christus Jesus zu geben aus dem Bewußtsein des 19. Jahrhunderts heraus: *Ernest Renan.* Ernest Renan richtete seinen Blick in echt realistisch-materialistischer Weise mit äußeren physischen Augen auf die Stätten von Palästina. Wieder auferwecken will er aus der unmittelbar materiellen Anschauung in seiner eigenen Seele ein Bild derjenigen Persönlichkeit, die durch die Jahrhunderte, ja Jahrtausende hindurch genannt worden ist der Weltenerlöser. Wir hören von Ernest Renan aus dem «Leben Jesus»:

«Eine *reizende* Natur trug dazu bei, jenen, wenn ich sagen darf, monotheistischen Geist zu schaffen, der allen Träumen Galiläas eine idyllische und reizende Prägung gab. Der traurigste Landstrich der Welt mag vielleicht die Umgebung Jerusalems sein. *Galiläa* dagegen war ein sehr begrüntes, sehr schattiges und sehr lachendes Gefilde, die rechte Heimat des Hohenliedes und der Lieder des Vielgeliebten. In den Monaten März und April ist dieses Gebiet ein Blumenteppich von unvergleichlicher Farbenfrische. Die Tiere sind hier klein, aber sehr zahm. Zierliche, lebhafte Turteltauben, blaue Amseln, so leicht, daß sie sich auf einen Halm setzen, ohne ihn niederzudrücken, Haubenlerchen, die sich fast vor den Füßen des Wanderers niederlassen, kleine Bachschildkröten mit lebendigen, sanften Augen, Störche mit gravitätischen, ernsten Mienen lassen den Menschen ganz nah an sich herankommen, ja sie scheinen ihn sogar zu rufen.»

Und Ernest Renan wird nicht müde, so recht zu schildern dieses von der großen Weltgeschichte so vollständig abgelegene Idyll von Galiläa, damit sich in diesem Idyll, in dieser anspruchslosen Landschaft mit den Turteltäubchen und Störchen, dasjenige habe abspielen können, was die Menschheit durch die Jahrhunderte in Verbindung bringt mit dem Weltenerlöser.

Der Sinn der Erde, dasjenige, wozu die Menschheit durch Jahrhunderte hat aufblicken wollen, ist für den Denker des 19. Jahrhunderts nur dann reizend, wenn er es schildern kann als ein Idyll mit Turteltäubchen und Störchen.

«So ist denn die ganze Geschichte der Entstehung des Christentums» — sagt Ernest Renan weiter — «eine köstliche *Idylle* geworden. Ein Messias beim Hochzeitsgelage, den die Courtisane und der gute Zacchäus zu seinen Festen gerufen, die Stifter des göttlichen Reichs wie ein Zug Brautführer — das ist es, was Galiläa gewagt hat, was es zur Annahme gebracht hat.»

Dies eine der Stimmen. Hören wir daneben aus dem weiteren Chor der Stimmen des 19. Jahrhunderts eine andere Stimme, die Stimme *John Stuart Mills*, der sich auch zurechtfinden will aus dem Bewußtsein des 19. Jahrhunderts mit derjenigen Wesenheit, in welcher die Menschheit durch Jahrhunderte und der prophetische Sinn der Menschheit durch Jahrtausende vorher den Weltenerlöser gesehen hat.

«Was immer sonst» — sagt John Stuart Mill — «die Vernunftkritik am Christentum zerstören mag, *Christus* bleibt uns: eine einzig dastehende Gestalt, seinen Vorgängern so unähnlich wie allen seinen Nachfolgern, sogar denen, die sich des Vorteils seiner persönlichen Unterweisung erfreuten. Dieser Schätzung tut es keinen Eintrag, wenn man sagt, der Christus der Evangelien sei nicht historisch, und daß wir nicht wissen können, wieviel von dem, was bewunderungswürdig an ihm ist, von seinen Anhängern hinzugefügt worden sei . . . [Denn] wer unter seinen Jüngern oder den von diesen Bekehrten ist imstande gewesen, die Jesus zugeschriebenen Reden zu ersinnen oder ein Leben auszudenken und eine Persönlichkeit zu gestalten, wie sie uns aus den Evangelien entgegentritt? Sicherlich nicht die Fischerleute aus Galiläa, und ebensowenig St. Paulus, dessen Charakter und Neigungen von ganz anderer Art waren; am wenigsten jedoch die ersten christlichen Schriftsteller. Was von einem Schüler hinzugefügt und eingeschoben werden *konnte*, läßt sich aus den mystischen Teilen des Evangeliums Johannes ersehen, welche dem Philo und den alexandrinischen Platonikern entlehnt und dem Heiland in den Mund gelegt werden, und zwar in langen Reden über sich selbst, wovon die anderen Evangelien nicht die leiseste Spur enthalten . . . Der Orient war voll von solchen Männern, die jede beliebige Menge von solchem Zeug gestohlen haben konnten, wie es die vielerlei Sekten der orientalischen Gnostiker später taten. Aber dem Leben und den Reden Jesu ist der Stempel des Tiefsinns und eine so persönliche Originalität aufgeprägt, daß sie — wenn wir der müßigen Erwartung entsagen, wissenschaftliche Genauigkeit da zu finden, wo es auf etwas ganz anderes abgesehen war — den Propheten von Nazareth, selbst in der Schätzung derer, welche an seine Inspiration nicht glauben, in die erste Reihe der erhabensten Männer stellen, deren unser Geschlecht sich rühmen darf. Da dieser außerordentliche Geist außerdem noch mit den Eigenschaften des wahrscheinlich größten Reformators und Märtyrers ausgestattet war, der je auf Erden gelebt hat, so kann man nicht sagen, daß die Religion eine schlechte Wahl getroffen habe» — eine Wahl getroffen! Man wählt ja im 19. Jahrhundert! — «daß die Religion eine schlechte Wahl getroffen habe, indem sie diesen Mann als idealen Vertreter und Führer der Menschheit aufstellte; auch jetzt würde es, selbst für einen Ungläubigen, nicht leicht sein, eine bessere Übertragung der Tugendregeln vom Abstrakten ins Konkrete zu finden, als so zu leben, daß Christus unser Leben guthieße. Berücksichtigt man schließlich noch, daß sogar für den Skeptiker immerhin die Möglichkeit bestehen bleibt, daß Christus wirklich das war, wofür er sich selbst ausgab — nicht Gott, denn der zu sein hatte er nie den leisesten Anspruch erhoben; auch würde er in einem solchen Anspruch wahrscheinlich eine ebenso große Gotteslästerung erblickt haben wie die Männer, die ihn verurteilten —: wohl aber der von Gott ausdrücklich mit der einzigen Mission, die Menschheit zur Wahrheit und zur Tugend zu führen, betraute Mann, so dürfen wir sicherlich schließen, daß die Einflüsse der Religion auf den Charakter, die verbleiben werden, nachdem die Vernunftkritik ihr Äußerstes gegen die Beweise der Religion getan haben wird, der Erhaltung wohl wert sind, und daß, was ihnen im Vergleiche mit denen eines andern, besser begründeten Glaubens an direkter Beweiskraft abgeht, durch die größere

Wahrheit und Richtigkeit der Sittlichkeit, die sie sanktionieren, mehr als aufgewogen wird.»

Da haben wir das Bild, welches die Philistrosität des 19. Jahrhunderts, indem sie Geist von ihrem Geiste nahm, dem Wesen aufprägte, das die Menschheit durch Jahrhunderte den Weltenerlöser genannt hatte.

Sehen wir uns noch eine andere Stimme an eines in gewissem Sinne internationalen Geistes, *Heinrich Heines:*

«Christus ist der Gott, den ich am meisten liebe — nicht weil er so ein legitimer Gott ist, dessen Vater schon Gott war und seit undenklicher Zeit die Welt beherrschte: sondern weil er, obgleich ein geborener Dauphin des Himmels, dennoch, demokratisch gesinnt, keinen höfischen Zeremonialprunk liebt, weil er kein Gott einer Aristokratie von geschorenen Schriftgelehrten und galonierten Lanzenknechten, und weil er ein bescheidener Gott des Volkes ist, ein Bürgergott, un bon dieu citoyen. Wahrlich, wenn Christus noch kein Gott wäre, so würde ich ihn dazu wählen, und viel lieber als einem aufgezwungenen absoluten Gotte würde ich ihm gehorchen, ihm, dem Wahlgotte, dem Gotte meiner Wahl. . . . »

«Nur solange die Religionen mit anderen zu rivalisieren haben und weit mehr verfolgt werden als selbst verfolgen, sind sie herrlich und ehrenwert, nur da gibt's Begeisterung, Aufopferung, Märtyrer und Palmen. Wie schön, wie heilig lieblich, wie heimlich süß war das Christentum der ersten Jahrhunderte, als es selbst noch seinem göttlichen Stifter glich im Heldentum des Leidens. Da war's noch die schöne Legende von einem heimlichen Gotte, der in sanfter Jünglingsgestalt unter den Palmen Palästinas wandelte und Menschenliebe predigte und jene Freiheits- und Gleichheitslehre offenbarte, die auch später die Vernunft der größten Denker als wahr erkannt hat, und die, als französisches Evangelium, unsere Zeit begeistert.»

Nun haben wir dieses Heine-Bekenntnis, worinnen derjenige, den die Menschheit durch Jahrhunderte den Weltenerlöser genannt hat, gelobt wird, weil man ihn nach demokratischer Weise jetzt wählen würde, wenn er nicht schon dastehen würde, und weil er dasselbe Evangelium, das dann am Ende des 18. Jahrhunderts gepredigt worden ist, auch schon gepredigt hat. Er war also brav genug dazu, schon so groß zu sein wie diejenigen, die dieses Evangelium verstehen können!

Nehmen wir einen andern Geist des 19. Jahrhunderts. Sie wissen, daß ich *Eduard von Hartmann* sehr schätze. Ich führe nur diejenigen an, die ich schätze, um an ihnen zu zeigen, in welchem Sinne sich die Gedanken über den Christus Jesus im 19. Jahrhundert bewegt haben.

«Man sieht» — sagt Eduard von Hartmann, der Philosoph —, «daß ohne den Zauber einer imponierenden und gewinnenden *Persönlichkeit* Jesus durch seine geistigen Fähigkeiten nicht wohl solche Erfolge hätte erzielen können. Diese Persönlichkeit äußerte sich zunächst in einer ungewöhnlichen oratorischen Begabung. Es muß aber auch seine stille Hoheit und hingebende Weichheit etwas ungemein Fesselndes für die sich ihm Anschließenden gehabt haben, nicht bloß für Männer, sondern auch für Weiber, deren viele sich ihm anschlossen, Prostituierte (Luc. 7, 37), verheiratete Frauen höherer Stände (Luc. 8, 3) und ehrbare Jungfrauen ohne Unterschiede. Meist waren es exaltierte Personen, Epileptische, Hysterische und Wahnsinnige, zum Teil vielleicht solche, die sich von ihm geheilt glaubten. Bekanntlich sind solche Frauen immer am leichtesten geneigt, ihre religiöse Schwärmerei auf einen anziehenden männlichen Gegenstand zu konzentrieren und zu individualisieren und diesen mit einem Kultus zu umgeben. Es kann nichts näherliegen, als daß diese Frauen es auch gewesen sind, die in Jesus die Idee seiner Messianität wo nicht geweckt, so doch genährt haben und durch ihre vergötternden Huldigungen haben Wurzel schlagen lassen. Nach unseren heutigen psychologischen und psychiatrischen Ansichten kann auf solchem krankhaften Boden eine gesunde Religiosität nicht erwachsen, und wir würden heute einem religiösen Reformator oder Propheten den Rat geben, solche Bestandteile aus seinem Gefolge nach Möglichkeit auszuscheiden, da sie ihn und seine Sache allzu leicht kompromittieren können.»

Noch eine andere Stimme möchte ich anführen, die Stimme einer der Hauptpersönlichkeiten in einem Romane, der im letzten Drittel des 19. Jahrhunderts großen Einfluß gewonnen hat auf die Urteile der sogenannten gebildeten Menschen eines weiten Gebietes. In *Paul*

Heyses «Die Kinder der Welt», findet sich das Tagebuch der Lea. In diesem Tagebuch der Lea ist ein Urteil über den Christus Jesus enthalten, und derjenige, der die Welt kennt, der weiß, daß das Urteil, das die Lea in den «Kindern der Welt» über den Christus Jesus fällt, dasjenige ist, das unzählige Menschen im Lauf des 19. Jahrhunderts gefällt haben. Paul Heyse läßt Lea schreiben:

«Ich habe vorgestern zu schreiben aufgehört, weil es mich plötzlich trieb, einmal wieder im Neuen Testament zu lesen. Ich hatte es nicht wieder aufgeschlagen, seit so mancher unbegreifliche, drohende und verdammende Spruch darin mein Herz befremdet und ganz auf sich selbst zurückgewiesen hat. Jetzt, da ich die kindische Furcht verloren, als erschalle darin die Stimme eines unfehlbaren Geistes, eines Allwissenden, seit ich *die Geschichte eines der edelsten und wunderbarsten Menschen* darin erblicke, jetzt habe ich viel darin gefunden, was mich sehr erquickt hat. Nur die gedämpfte Stimmung des Ganzen hat mich zuletzt wieder beklommen gemacht. Was haben wir Menschen Befreienderes, Holderes, Tröstlicheres als die *Freude*, die Freude an der Schönheit, an der Güte, an der Heiterkeit der Welt! Und während wir diese Schrift lesen» — sie meint also das Neue Testament — «wandeln wir immer im Halbdunkel der Erwartung und Hoffnung, das Ewige ist nie erfüllt, sondern soll erst anbrechen, wenn wir uns durch die Zeit hindurchgerungen haben, nie erglänzt ein voller Schein der Fröhlichkeit, kein Scherz, kein Lachen — die Freude dieser Welt ist eitel — wir werden in eine Zukunft verwiesen, die alle Gegenwart wertlos macht, und die höchste Erdenwonne, uns in einen reinen, tiefen und liebevollen Gedanken zu versenken, soll uns auch verdächtig werden, da nur derer das Himmelreich sein soll, die arm an Geist sind. — Ich bin es, aber es macht mich unselig, daß ich es fühle und zugleich fühle, wenn ich diese Beschränkung durchbrechen könnte, würde ich nicht mehr die sein, die ich bin, also meiner Erlösung und Beseligung doch nicht gewahr werden. Denn was über mich hinausgeht, ist doch nicht mehr mein.

Und dann, daß dieser sanfte, gottbewußte Mensch, um der ganzen Menschheit anzugehören, mit so seltsamer Härte sich von den Seinigen abwandte, daß er familienlos wurde — es hat wohl sein müssen —, aber es erkältet meine Empfindung. Alles Große, was ich sonst liebgewonnen habe, war traulich, heiter, mitten in der Majestät durch die Fäden menschlicher Bedürftigkeit mit meinem Wesen verbunden.»

Nun, da haben Sie es, wie das Neue Testament sein müßte, wenn es solch einer Repräsentantin des 19. Jahrhunderts hätte genügen sollen! Denn sie sagt, daß alles Große, was sie sonst liebgewonnen, traulich, heiter, mitten in der Majestät durch die Fäden menschlicher Bedürftigkeit mit dem eigenen Wesen verbunden sei. — Weil das Neue Testament nun doch eine Kraft enthält, die man nicht gerade bezeichnen kann so, daß man sie sanft liebzugewinnen hat, daß sie traulich ist, heiter, mitten in der Majestät durch die Fäden menschlicher Bedürftigkeit mit dem eigenen Wesen verbunden ist, so taugt das Evangelium für einen Menschen des 19. Jahrhunderts nicht mehr so recht.

«Wenn ich Goethe's Briefe lese — Schillers enge Häuslichkeit — von Luther und den Seinigen — von Ältern noch, bis zu Sokrates' böser Frau — immer spüre ich einen Hauch von dem Mutterboden, aus dem die Pflanze ihres Geistes gewachsen ist,» — also selbst von der seligen Xanthippe fühlt sich die gute Lea noch mehr angezogen als von den Gestalten des Neuen Testaments! — «der auch meinen so viel geringeren nährt und trägt.»

So ist dasjenige, was die Meinung von Tausenden und aber Tausenden von Menschen des 19. Jahrhunderts ist.

«Aber die Weltlosigkeit ängstigt und entfremdet mich, und zur Entschuldigung dafür habe ich freilich nicht den guten Glauben, daß das alles, als bei einem Gott, ganz in der Ordnung sei.»

Es geziemt sich wohl, in dieser ernsten Stunde zu fragen: Was ist also eigentlich der Gehalt in der Seele, den heute die Menschheit den Weihnachtslichtern entgegenbringt? Denn dieser Gehalt in den Seelen setzt sich zusammen aus solchen Stimmen, wie wir sie jetzt vernommen haben und wie wir sie vermehren könnten ins Hundertfache, ins Tausendfache. Und es geziemt sich nicht, in ernster Stunde leichten Sinnes hinwegzusehen über dasjenige, was in bezug auf das größte Mysterium des Erdenwesens gesagt worden ist. Es geziemt sich vielmehr heute zu fragen: Was vermochten die offiziellen Vertreter des Christentums aller Konfessionen zu tun, um hintanzuhalten eine

Entwickelung, die also hinweggeführt hat von einem wirklich innerlich wahrhaftigen und ehrlichen Sich-Bekennen zu demjenigen, was hinter den Weihnachtslichtern steht? Denn, kann eine Menschheit ein solches Fest als etwas anderes denn als eine umfassende Lüge feiern, wenn sie die eben vorgebrachten Gedanken in ihren besten Repräsentanten an diejenige Wesenheit anknüpft, welche durch das Weihnachtsmysterium geschaut werden soll als der Impuls, der sich aus dem Kosmos heraus mit dem Erdengeschicke verbunden hat?

Was wollten die Magier aus dem Morgenlande, als sie göttliche Weisheit, Tugend und Unsterblichkeit hintrugen zu der Krippe, nach dem Ereignisse, das sie in dem Zeichen des Erscheinens der Sonne aus dem Sternbilde der Jungfrau geschaut hatten in der Nacht vom 24. auf den 25. Dezember, im ersten Jahre unserer Zeitrechnung? Was wollten die Magier aus dem Morgenlande? Sie wollten damit den großen geschichtlichen Beweis liefern, daß sie verstanden haben, daß dasjenige, was an Kräften aus dem Kosmos auf die Erde herunterströmte bisher, nicht in derselben Weise — durch bloßes Hinaufblicken zum Kosmos, zu den Konstellationen der Sterne — in der Zukunft für die Menschen erreichbar ist. Sie wollten zeigen, daß notwendig ist, daß die Menschen nunmehr beginnen, den Blick hinzuwenden selbst auf dasjenige, was innerhalb des geschichtlichen Werdens, des sozialen, des sittlichen Werdens in der Erdenmenschheit selbst geschieht, daß der Christus *heruntergestiegen* ist aus den Regionen, aus denen die Sonne aus der Jungfrau erscheint, aus denen alle Sternkonstellationen mit ihren Kräften kommen, die den Mikrokosmos als ein Nachbild des Makrokosmos erscheinen lassen. Daß dieser Geist, daß dieses Wesen eingezogen ist in die unmittelbare Erdenentwickelung, daß die Erdenentwickelung selber fortan mit solcher innerer Weisheit nur durchschaut werden kann, wie früher die Sternkonstellationen durchschaut worden sind, das wollten die Magier aus dem Morgenlande sagen. Und dessen muß man heute noch immer eingedenk sein.

Der Mensch sieht heute auf die Geschichte so hin, als ob immer nur das Frühere die Ursache des Späteren wäre, als ob, wenn wir die Ereignisse des Jahres 1914, 1915, 1916, 1917 betrachten wollen, wir einfach zurückgehen müßten auf 1913, 1912, 1911 und so weiter, um das geschichtliche Werden so zu betrachten, wie man auch das natürliche Werden betrachtet, wo man von der Wirkung aus auf das Anstoßende geht, um in diesem Anstoßenden die Ursache zu finden. Aus dieser Gesinnung heraus hat sich jene Fable convenue gebildet, die heute unserer Jugend zu deren Unheil als «Geschichte» eingeimpft wird.

Wahres Christentum und insbesondere ehrliches und aufrichtiges Durchschauen des Weihnachts- und Ostermysteriums ist der schärfste Protest gegen diese ins Naturwissenschaftliche verkarikierte Weltgeschichte. Das Christentum hat die Weltgeheimnisse in Zusammenhang gebracht mit dem Jahreslauf. Es läßt in der Zeit, die immer erinnern soll an die Urkonstellation vom Jahre 1, vom 24. auf den 25. Dezember, vom Erscheinen der Sonne aus dem Sternbilde der Jungfrau, es läßt diese Zeit jedes Jahr als das Weihnachtsfest feiern. Die christliche Anschauung hat das Weihnachtsfest unter diesem Gesichtspunkt festgesetzt. Sie läßt dann Ostern feiern, indem sie eine gewisse Himmelskonstellation nimmt; wir wissen, der Sonntag nach dem ersten Vollmond nach Frühlingsanfang ist der festgesetzte Tag — der heute schon von der materialistischen Gesinnung bestritten wird —, der festgesetzte Tag für die Feier des Osterfestes.

In der Zeit von Weihnachten bis zu Ostern schaut im Jahreslauf als einen Teil desselben derjenige, der in ehrlicher und aufrichtiger Weise seinen Sinn verbinden will mit dem Mysterium von Golgatha, ein Bild des dreiunddreißigjährigen Christus-Lebens. *Vor* dem Mysterium von Golgatha, zu dem ich auch das Weihnachtsmysterium rechne, wiesen die Magier auf den Himmel, wenn sie irgendwelche Geheimnisse, auch über die Menschheitsentwickelung, behandeln wollten. Auf die Konstellationen wiesen sie hin. Wie ein Stern sich zum andern stellt, in dem erschauten sie, was hier unten auf der Erde vor sich geht. In dem Augenblicke aber, als sie geschaut haben, was auf der Erde vor sich ging, aus dem Zeichen des Standes der Sonne in der Jungfrau vom 24. auf den 25. Dezember, da sagten sie: Es muß nun auch die Sternenkonstellation in den menschlichen Handlungen auf der Erde selbst in unmittelbarer Weise geschaut werden.

Ist Sternenkonstellation in den menschlichen Handlungen? Meine lieben Freunde, lesen können, das ist die Anforderung; lesen können dasjenige, was gemeint ist mit der wunderbaren Anleitung zum Lesen, die in den Jahresmysterien des Christentums gegeben ist, welche Jahresmysterien nur wiederum aufgebaut sind auf den sämtlichen andern Jahresmysterien aller Völker des Erdenlebens. Dreiunddreißig Jahre sind gemeint für die Zeit von Weihnachten zu Ostern. Das muß verstanden werden, das muß ins Auge gefaßt werden. Dreiunddreißig Jahre, so ist die Meinung, sollen vergehen zwischen Weihnachten und Ostern.

Was folgt daraus? Daraus folgt, daß das Weihnachtsfest, das wir dies Jahr feiern, erst gehört zu dem Osterfeste, das in dreiunddreißig Jahren kommen wird, und daß das Osterfest, das wir in diesem Jahre [1917] feierten, zu dem Weihnachtsfeste gehört vom Jahre 1884. 1884 feierte die Menschheit ein Weihnachtsfest, welches zu dem diesjährigen Osterfest gehört. Und das Weihnachtsfest, das wir in diesem Jahre feiern, das gehört nicht zu dem Osterfeste des nächsten Jahres, das gehört zu dem Osterfeste, das dreiunddreißig Jahre darauf folgen wird. Eine vollständige Menschheitsgeneration ist die Zeit von dreiunddreißig Jahren, so rechnet man. Eine Menschheitsgenerationszeit muß vergehen zwischen dem zusammengehörigen Weihnachts- und Osterfeste. Dies ist die Anleitung, um die neue Astrologie zu lesen, jene Astrologie, welche auf die Sterne, die in der geschichtlichen Menschheitsentwickelung selber glänzen, das Augenmerk hinlenkt.

Wie kann das erfüllt werden? So kann das erfüllt werden, daß der Mensch das Weihnachtsfest dazu anwendet, um sich bewußt zu werden: Dasjenige, was ungefähr — man kann natürlich von diesen Dingen nur sagen ungefähr — in dieser Zeit geschieht, weist im historischen Zusammenhang so zurück, daß es seinen Geburtsausgang genommen hat vor dreiunddreißig Jahren, daß es selber wiederum der Geburtsausgang ist für dasjenige, was sich im Lauf der nächsten dreiunddreißig Jahre abwickelt.

Im einzelnen persönlichen Leben, im individuellen Dasein, waltet unser Karma. Da ist jeder für sich selbst verantwortlich; da muß aber auch jeder dasjenige, was in seinem Karma liegt, hinnehmen. Da muß er erwarten, daß ein unbedingter Zusammenhang besteht im karmischen Sinne zwischen dem Vorangehenden und Nachfolgenden.

Wie ist es mit dem geschichtlichen Zusammenhange? Mit dem geschichtlichen Zusammenhange ist es so, daß für unseren gegenwärtigen Menschheitszyklus wir nicht verstehen können, wir nicht begreifen und richtig empfinden können ein Ereignis, das sich heute, 1917, vollzieht, wo sein Osterjahr ist, wenn wir nicht zurückschauen bis in die Zeit, da sein Weihnachtsjahr war, wenn wir nicht zurückschauen in das Jahr 1884. Für das Jahr 1914 ist also zurückzuschauen in das Jahr 1881. Was die Generation, die vorher an der Geschichte mitgetan hat, für Impulse hineingeworfen hat in den Strom des geschichtlichen Werdens, das hat eine Lebenszeit von dreiunddreißig Jahren; dann ist sein Osteranfang, dann ist seine Auferstehung. Wann wurde der Keim gelegt zu jenen Ostern, die die Menschheit nun durch Jahre, seit dem Jahre 1914 hat? Vor dreiunddreißig Jahren.

Zusammenhänge in Intervallen von dreiunddreißig zu dreiunddreißig Jahren, das ist dasjenige, was Verständnis bringt in dem fortlaufenden Strom des geschichtlichen Werdens. Und eine Zeit muß kommen, wo der Mensch in der Weihezeit, die ihren Anfang nimmt mit der Weihenacht vom 24. auf den 25. Dezember, sich darauf besinnt: Was du — so möge er sich sagen —, was du jetzt tust, das wird fortwirken und erst auferstehen und erst äußere Tat werden, nicht im persönlichen, im geschichtlichen Sinne, nach dreiunddreißig Jahren. Ich verstehe dasjenige, was jetzt geschieht, wenn ich zurückblicke — selbst im äußeren Geschehen verstehe ich dasjenige, was jetzt geschieht — auf die Zeit, die sich jetzt nach der Regel der dreiunddreißig Jahre erfüllen muß.

Als im Beginne der achtziger Jahre der Aufstand des mohammedanischen Propheten, des Mahdi, auftrat, als er damit endete, daß die englische Herrschaft sich über Ägypten ausdehnte, als in derselben Zeit von französischer Seite Hinterindien sogar durch einen Krieg mit China für die europäische Herrschaft erobert werden mußte, als die Kongo-Konferenz gehalten worden ist, als die andern Ereignisse von dieser Art stattfanden — studieren Sie alles, was jetzt, 1917, eine dreiunddreißigjährige Erfüllung hat! —, da wurde die Ursache gelegt zu demjenigen, was jetzt geschieht. Damals hätten die Menschen sich fragen sollen: Welche Aussichten für das Ostern nach dreiunddreißig

Jahren verspricht das Weihnachten von diesem Jahre? — Denn alle Dinge im geschichtlichen Werden erstehen nach dreiunddreißig Jahren in verwandelter Gestalt aus dem Grabe, durch eine Gewalt, die zusammenhängt mit dem Heiligsten und Erlösendsten, das die Menschheit durch das Mysterium von Golgatha bekommen hat.

Aber das Mysterium von Golgatha will nicht nur sentimental beschwätzt werden. Das Mysterium von Golgatha will verstanden werden mit den höchsten Weisheitskräften, die dem Menschen zugänglich sind. Das Mysterium von Golgatha will empfunden werden mit dem Tiefsten, was der Mensch in seiner Seele erregen kann, wenn er das, was die Weisheit in ihm entzünden kann, in den Untergründen der Seele selber sucht, wenn er von Liebe nicht bloß redet, sondern diese Liebe entflammt dadurch, daß er seine Seele verbindet mit dem, was als Weltenseele wallt und strömt durch der Zeiten Wende, wenn er sich aneignet Sinn und Verständnis für die Geheimnisse des Werdens. Denn so, wie einstmals zu den alten Magiern sprach der Sternenhimmel, wie sie ihn fragten, wenn sie irgend etwas vollbringen wollten im sozialen Menschenwerden, so hat derjenige, der in der heutigen Zeit irgend etwas im sozialen Menschenwerden vollbringen will, hinzuschauen auf die Sterne, die auf- und untergehen im geschichtlichen Werden. Und wie berechnet worden ist die Umlaufszeit der Sterne um die Sonne, so ist berechnet in der wahren geschichtlichen Menschenweisheit die Umlaufszeit der geschichtlichen Ereignisse. Und diese Umlaufszeit ist von einem Weihnachten zu einem Ostern, das dreiunddreißig Jahre nachher liegt. So regeln die Geister der Umlaufszeiten dasjenige, in dem die Menschenseele lebt und webt, indem sie nicht bloß eine persönliche Wesenheit ist, indem sie eine in das geschichtliche Werden hineinverwobene Wesenheit ist.

Wenn wir in dieser Zeit uns versenken in das Weihnachtsmysterium, tun wir es dann am besten, wenn wir uns bekanntmachen mit den Geheimnissen, die enthüllt werden sollen gerade in unserer Zeit, um die bereichert werden soll der Strom der christlichen Überlieferung, wie sie sich anschließt an das Mysterium von Golgatha und an dasjenige, was durch das Weihnachtsmysterium ausgedrückt wird. Der Christus sprach zu der Menschheit: «Ich bin bei euch alle Tage bis ans Ende der Erdenzeiten.» Diejenigen, die sich heute seine Jünger nennen, die sprechen aber oftmals davon, daß die Offenbarungen aus der geistigen Welt wohl da waren zur Zeit des Christus Jesus selber, daß sie aber aufgehört haben, und daß heute derjenige etwas Ruchloses vollbringt, der behauptet, daß jetzt noch immer in wunderbarer Weise aus der geistigen Welt heraus die spirituellen Offenbarungen geschehen können. So ist in vieler Beziehung dasjenige, was sich heute offizielles Christentum nennt, eine Bestrebung geworden zur *Verhinderung* der christlichen Entwickelung.

Dasjenige aber, was geblieben ist, die heiligen Symbole — und eines der heiligsten ist dasjenige, das aus dem Weihnachtsmysterium spricht —, sie sind selber ein lebendiger Protest gegen die Unterdrückung des wahren Christentums, wie sie oftmals durch das offizielle Christentum verkündet wird.

Zeugnis geben will anthroposophisch orientierte Geisteswissenschaft — unter manchem andern, was sie will — von der Bedeutung des Mysteriums von Golgatha, von der Bedeutung des Weihnachtsmysteriums. Und es gehört zu ihrer Aufgabe, Zeugnis von dem zu geben, was der Erde Sinn, und Bedeutung gibt dem Menschenleben. Und wenn der Weihnachtsbaum in der neueren Zeit — er ist ja kaum mehr als einige Jahrhunderte alt — zum Symbolum der Weihnachtsfeier geworden ist, so möge derjenige, der heute unter den Weihnachtsbaum steht, sich fragen: Ist es noch eine Wahrheit für dich, was über dem Weihnachtsbaum geschrieben steht? Geschrieben steht durch das Zeugnis der Geschichte: «Et incarnatus est de spiritu sancto ex Maria virgine.» Ist es noch eine Wahrheit für dich? — Daß es Wahrheit ist, das zu erkennen, dazu braucht man spirituelle Erkenntnis. Und keine Naturforschung kann Antwort geben auf die Fragen nach der jungfräulichen Geburt und nach der Auferstehung, sondern jede Naturforschung muß ablehnen die jungfräuliche Geburt und die Auferstehung. Verstanden werden können sie nur aus einem Gebiete heraus, in dem da nicht waltet Geburt in der Art, wie sie in der Sinneswelt waltet, und nicht der Tod waltet, wie er in der Sinneswelt waltet. Wie der Christus Jesus so durch den Tod gegangen ist, daß dieser Tod eine Maja ist und die Auferstehung die Wahrheit — was das Ostermysterium enthält –, so ist auch der Christus Jesus durch die Geburt gegangen, so daß diese Geburt eine Maja ist und die Wahrheit eine Verwandlung des Wesens innerhalb der geistigen Welt ist. Denn in der geistigen Welt gibt es nicht Geburt und Tod, sondern nur Verwandlung, wie wir wissen, nur Metamorphose.

Nur wenn die Menschheit geneigt sein wird, aufzublicken zu derjenigen Welt, wo Geburt und Tod im sinnenfälligen Sinne ihren Sinn verlieren, werden Weihnachtsfest und Osterfest ihren würdigen Inhalt bekommen. Dann, aber auch nur dann wird sich auch unser Herz, wird sich unsere Seele erfüllen mit jener Wärme des Tones, mit der ausgerüstet wir wiederum hintreten können vor diejenigen, vor die wir hintreten sollen, um ihnen schon in der allerfrühesten Kindheit zu sprechen von dem Kinde, das in der Krippe gelegen hat, und von den Magiern des Morgenlandes, und wie von ihnen jenem Kinde Weisheit, Tugend und Unsterblichkeit dargebracht worden sind. Den Kindern gegenüber müssen wir davon reden können. Denn, was wir zu dem Kinde von dem Weihnachtsmysterium heute sagen, das wird in dem Kinde das Osterfest feiern, auferstehen, nachdem das Kind dreiunddreißig weitere Jahre durchgemacht hat.

Im geschichtlichen Werden ist die Menschheit so mit Verantwortlichkeit durchtränkt, daß die vorhergehende Generation in den Weihnachtsimpuls nur legen kann, was die nachfolgende Generation als Osterimpuls zu empfangen hat. Werde man sich bewußt, daß eine Generation zu der nachfolgenden so hinzuschauen hat, daß sie zu gedenken hat: Im Weihnachtssterne lehre ich dich pflanzen in deiner Seele als Geburt dasjenige, was auferstehen wird im Ostersterne nach dreiunddreißig Jahren. Weiß ich diesen Zusammenhang zwischen dieser und der folgenden Generation, dann habe ich gewonnen – so kann sich jeder sagen – einen Impuls in aller Arbeit, der hinausreicht über den Tag. Denn die Zeit zwischen Weihnachten und Ostern dauert nicht nur die Wochen, die verlaufen zwischen Weihnachten und Ostern; sie dauert in Wahrheit dreiunddreißig Jahre, so lange als umläuft ein Impuls, den ich in die Seele eines Kindes versenkt habe als einen Weihnachtsimpuls, der nach dreiunddreißig Jahren auferstehen wird als ein Osterimpuls.

Solche Dinge sind nicht allein für theoretisches, eitles Wissen. Solche Dinge gewinnen einen Wert allein, wenn sie praktische Tat werden, wenn unsere Seele sich erfüllt mit der Überzeugung von ihnen also, daß sie gar nicht anders kann, als in ihrem Lichte handeln. Dann aber ist die Seele voll von Liebe zu denjenigen Wesen, an denen die Taten in diesem Lichte getan werden sollen. Dann ist die Liebe eine konkrete, dann ist die Liebe eine solche, welche mit der Weltenwärme verbunden ist, und hat nichts von jener sentimentalen Liebe, die heute auf allen Lippen ist und die zum größten Hassesimpuls in der Menschheit in unserem katastrophalen Zeitalter geführt hat.

Diejenigen, die lange Zeit die Liebe im Munde führten, die haben kein Recht, weiter zu sprechen von dieser Liebe, die sich in Haß umgedreht hat; sie haben vielmehr die Pflicht, sich zu fragen: Was haben wir mit unserem Liebesgerede, mit unserem Weihnachts-Liebesgerede unterlassen, daß also eine Saat des Hasses daraus werden konnte? — Zu fragen aber hat die Menschheit: Was haben wir zu suchen in den geistigen Welten, damit wir wieder finden können dasjenige, was verloren ist: die Liebe, welche durch alle Wesen wärmend wallt und lebt, aber Liebe nur ist, wenn sie herausquillt aus dem lebendigen Verständnis des Seins. Denn lieben ein Wesen heißt, dieses Wesen verstehen. Lieben heißt nicht, sein Herz mit egoistischer Wärme so zu erfüllen, daß der Mund in sentimentalen Reden übersprudelt; lieben heißt, die Wesen, an denen man Taten tun soll, so in sein Auge fassen zu können, daß man sie bis ins Innerste hinein versteht, versteht nicht nur mit dem Intellekt, versteht mit dem ganzen Wesen seines menschlichen Seins.

Daß solche Liebe, die aus spirituell-innigstem Verständnis quellen kann, in der Menschheit Platz greife, daß nach solcher Liebe Sehnsucht ist, daß es Wille werde, solche Liebe zu pflegen, das möge sich jetzt in dieser ernsten Zeit der Mensch sagen, der nachfolgen will den Magiern aus dem Morgenlande zur Krippe von Bethlehem hin. Er möge sich sagen: So wie die Magier aus dem Morgenlande Verständnis suchten, um zu finden den Weg, den Weg der Liebe zu der Krippe von Bethlehem hin, so will ich suchen den Weg, der mir den Einblick eröffnet in jenes Licht, unter dem die wahren Taten der Menschenliebe getan werden.

Wie die Magier aus dem Morgenlande die äußeren Sternenkonstellationen als nicht mehr maßgeblich hielten, sondern hintrugen das Wissen von diesen Sternenkonstellationen, den Opfersinn für diese Sternenkonstellationen, die Verbindung der Unsterblichkeit mit diesen Sternenkonstellationen vor das Christus-Kind der Weihnachtsnacht, so trage die neuere Menschheit dasjenige, was sie an tiefsten Impulsen in ihrer Seele aufbringen kann, hin vor dasjenige, wofür das Weihnachtsfest der symbolische Jahresausdruck ist! In solchem Bewußtsein werden wiederum würdige Weihnachtsfeste, ehrliche, aufrichtige Weihnachtsfeste von der Menschheit gefeiert werden. Denn in dem Feiern wird liegen nicht eine Ableugnung, sondern ein Wissen von dem Wesen, dem wir die Weihnachtslichter anzünden.

HINWEISE

Textunterlage: Der Vortrag wurde von der Berufsstenographin Helene Finkh mitgeschrieben.

zu Seite

9 *Et incarnatus est de spiritu sancto ex Maria virgine:* Im Vortrag vom 24. Dezember 1917 überträgt Rudolf Steiner diese Worte «und verleiblicht ward es durch den Heiligen Geist aus der jungfräulichen Maja heraus».

Naturforscher, welcher das Mysterium der jungfräulichen Geburt genannt hat ...: Ernst Haeckel, 1834-1919, in «Anthropogenie» Zweiter Teil, Stammesgeschichte des Menschen, Leipzig 1891, Anmerkung Nr. 48.

10 *daß die Sonne herfunkelte aus dem Sternbilde der Jungfrau:* Hierüber schrieb Joachim Schultz in «Die Weihnachtskonstellation und das Herfunkeln der Sonne aus dem Sternbild der Jungfrau» in Emil Funk/Joachim Schultz «Zeitgeheimnisse im Christus-Leben», Dornach 1970. In dem Buch von C. Aq. Libra «Astrologie», Amersfoort 1915, heißt es: «Nun steht am 25. Dezember, um Mitternacht, im östlichen Palästina und in den angrenzenden Ländern das Sternbild der Jungfrau gerade über dem Horizont.»

12 *Ernest Renan,* 1823-1892, französischer Theologe und Orientalist. Zitat aus «Das Leben Jesu», 4. Kapitel.

13 *John Stuart Mill,* 1806-1873, englischer Philosoph. Zitat aus seiner nachgelassenen Schrift «Theismus».

15 *Heinrich Heine,* 1797-1856. Zitate aus «Reisebilder, Die Stadt Lucca», Kap. VII bzw. XIV.

16 *Eduard von Hartmann,* 1842-1906, Zitat aus «Das Christentum des Neuen Testaments.»

17ff. *Paul Heyse,* 1830-1914. Zitat aus «Die Kinder der Welt».

22 *im Beginne der achtziger Jahre ...:* Ausdehnung der britischen Kolonialherrschaft in Afrika, Ausdehnung der französischen Kolonialherrschaft in Hinterindien.

Mahdi (arab. «Der von Allah Geleitete»): Als «Mahdi des Sudan» bezeichnete sich *Mohammed Achmed,* 1843-1885, der 1883 den Aufstand gegen Ägypten führte.

23/24 *«Ich bin bei euch alle Tage bis ans Ende der Erdenzeiten»:* Matth. 28,20.

ÜBER DIE VORTRAGSNACHSCHRIFTEN

Aus Rudolf Steiners Autobiographie «Mein Lebensgang» (35. Kap., 1925)

Es liegen nun aus meinem anthroposophischen Wirken zwei Ergebnisse vor; erstens meine vor aller Welt veröffentlichten Bücher, zweitens eine große Reihe von Kursen, die zunächst als Privatdruck gedacht und verkäuflich nur an Mitglieder der Theosophischen (später Anthroposophischen) Gesellschaft sein sollten. Es waren dies Nachschriften, die bei den Vorträgen mehr oder weniger gut gemacht worden sind und die - wegen mangelnder Zeit - nicht von mir korrigiert werden konnten. Mir wäre es am liebsten gewesen, wenn mündlich gesprochenes Wort mündlich gesprochenes Wort geblieben wäre. Aber die Mitglieder wollten den Privatdruck der Kurse. Und so kam er zustande. Hätte ich Zeit gehabt, die Dinge zu korrigieren, so hätte vom Anfange an die Einschränkung «Nur für Mitglieder» nicht zu bestehen gebraucht. Jetzt ist sie seit mehr als einem Jahre ja fallen gelassen.

Hier in meinem «Lebensgang» ist notwendig, vor allem zu sagen, wie sich die beiden: meine veröffentlichten Bücher und diese Privatdrucke in das einfügen, was ich als Anthroposophie ausarbeitete.

Wer mein eigenes inneres Ringen und Arbeiten für das Hinstellen der Anthroposophie vor das Bewußtsein der gegenwärtigen Zeit verfolgen will, der muß das an Hand der allgemein veröffentlichten Schriften tun. In ihnen setzte ich mich auch mit alle dem auseinander, was an Erkenntnisstreben in der Zeit vorhanden ist. Da ist gegeben, was sich mir in «geistigem Schauen» immer mehr gestaltete, was zum Gebäude der Anthroposophie - allerdings in vieler Hinsicht in unvollkommener Art - wurde.

Neben diese Forderung, die «Anthroposophie» aufzubauen und dabei nur dem zu dienen, was sich ergab, wenn man Mitteilungen aus der Geist-Welt der allgemeinen Bildungswelt von heute zu übergeben hat, trat nun aber die andere, auch dem voll entgegenzukommen, was aus der Mitgliedschaft heraus als Seelenbedürfnis, als Geistessehnsucht sich offenbarte.

Da war vor allem eine starke Neigung vorhanden, die Evangelien und den Schrift-Inhalt der Bibel überhaupt in dem Lichte dargestellt zu hören, das sich als das anthroposophische ergeben hatte. Man wollte in Kursen über diese der Menschheit gegebenen Offenbarungen hören.

Indem interne Vortragskurse im Sinne dieser Forderungen gehalten wurden, kam dazu noch ein anderes. Bei diesen Vorträgen waren nur Mitglieder. Sie waren mit den Anfangs-Mitteilungen aus Anthroposophie bekannt. Man konnte zu ihnen eben so sprechen, wie zu Vorgeschrittenen auf dem Gebiete der Anthroposophie. Die Haltung dieser internen Vorträge war eine solche, wie sie eben in Schriften nicht sein konnte, die ganz für die Öffentlichkeit bestimmt waren.

Ich durfte in internen Kreisen in einer Art über Dinge sprechen, die ich für die öffentliche Darstellung, wenn sie für sie von Anfang an bestimmt gewesen wären, hätte anders gestalten *müssen.*

So liegt in der Zweiheit, den öffentlichen und den privaten Schriften, in der Tat etwas vor, das aus zwei verschiedenen Untergründen stammt. Die ganz öffentlichen Schriften sind das Ergebnis dessen, was in mir rang und arbeitete; in den Privatdrucken ringt und arbeitet die Gesellschaft mit. Ich höre auf die Schwingungen im Seelenleben der Mitgliedschaft, und in meinem lebendigen Drinnenleben in dem, was ich da höre, entsteht die Haltung der Vorträge.

Es ist nirgends auch nur in geringstem Maße etwas gesagt, was nicht reinstes Ergebnis der sich aufbauenden Anthroposophie wäre. Von irgend einer Konzession an Vorurteile oder Voresmpfindungen der Mitgliedschaft kann nicht die Rede sein. Wer diese Privatdrucke liest, kann sie im vollsten Sinne eben als das nehmen, was Anthroposophie zu sagen hat. Deshalb konnte ja auch ohne Bedenken, als die Anklagen nach dieser Richtung zu drängend wurden, von der Einrichtung abgegangen werden, diese Drucke nur im Kreise der Mitgliedschaft zu verbreiten. Es wird eben nur hingenommen werden müssen, daß in den von mir nicht nachgesehenen Vorlagen sich Fehlerhaftes findet.

Ein Urteil über den Inhalt eines solchen Privatdruckes wird ja allerdings nur demjenigen zugestanden werden können, der kennt, was als Urteils-Voraussetzung angenommen wird. Und das ist für die allermeisten dieser Drucke *mindestens* die anthroposophische Erkenntnis des Menschen, des Kosmos, insofern sein Wesen in der Anthroposophie dargestellt wird, und dessen, was als «anthroposophische Geschichte» in den Mitteilungen aus der Geist-Welt sich findet.

RUDOLF STEINER GESAMTAUSGABE

Gliederung nach: Rudolf Steiner - Das literarische und künstlerische Werk. Eine bibliographische Übersicht (Bibliographie-Nrn. *kursiv* in Klammern)

A. SCHRIFTEN

I. Werke

Goethes Naturwissenschaftliche Schriften, eingeleitet und kommentiert von R. Steiner, 5 Bände, 1884 - 97, Neuausgabe 1975 *(1a-e)*; separate Ausgabe der Einleitungen, 1925 *(1)*

Grundlinien einer Erkenntnistheorie der Goetheschen Weltanschauung, 1886 *(2)*

Wahrheit und Wissenschaft. Vorspiel einer «Philosophie der Freiheit», 1892 *(3)*

Die Philosophie der Freiheit. Grundzüge einer modernen Weltanschauung, 1894 *(4)*

Friedrich Nietzsche, ein Kämpfer gegen seine Zeit, 1895 *(5)*

Goethes Weltanschauung, 1897 *(6)*

Die Mystik im Aufgange des neuzeitlichen Geisteslebens und ihr Verhältnis zur modernen Weltanschauung, 1901 *(7)*

Das Christentum als mystische Tatsache und die Mysterien des Altertums, 1902 *(8)*

Theosophie. Einführung in übersinnliche Welterkenntnis und Menschenbestimmung, 1904 *(9)*

Wie erlangt man Erkenntnisse der höheren Welten? 1904/05 *(10)*

Aus der Akasha-Chronik, 1904 - 08 *(11)*

Die Stufen der höheren Erkenntnis, 1905 - 08 *(12)*

Die Geheimwissenschaft im Umriß, 1910 *(13)*

Vier Mysteriendramen: Die Pforte der Einweihung - Die Prüfung der Seele - Der Hüter der Schwelle - Der Seelen Erwachen, 1910 - 13 *(14)*

Die geistige Führung des Menschen und der Menschheit, 1911 *(15)*

Anthroposophischer Seelenkalender, 1912 *(in 40)*

Ein Weg zur Selbsterkenntnis des Menschen, 1912 *(16)*

Die Schwelle der geistigen Welt, 1913 *(17)*

Die Rätsel der Philosophie in ihrer Geschichte als Umriß dargestellt, 1914 *(18)*

Vom Menschenrätsel, 1916 *(20)*

Von Seelenrätseln, 1917 *(21)*

Goethes Geistesart in ihrer Offenbarung durch seinen Faust und durch das Märchen von der Schlange und der Lilie, 1918 *(22)*

Die Kernpunkte der sozialen Frage in den Lebensnotwendigkeiten der Gegenwart und Zukunft, 1919 *(23)*

Aufsätze über die Dreigliederung des sozialen Organismus und zur Zeitlage 1915 - 1921 *(24)*

Kosmologie, Religion und Philosophie, 1922 *(25)*

Anthroposophische Leitsätze, 1924/25 *(26)*

Grundlegendes für eine Erweiterung der Heilkunst nach geisteswissenschaftlichen Erkenntnissen, 1925. Von Dr. R. Steiner und Dr. I. Wegman *(27)*

Mein Lebensgang, 1923 - 25 *(28)*

II. Gesammelte Aufsätze

Aufsätze zur Dramaturgie 1889–1901 *(29)* – Methodische Grundlagen der Anthroposophie 1884–1901 *(30)* – Aufsätze zur Kultur- und Zeitgeschichte 1887–1901 *(31)* – Aufsätze zur Literatur 1886–1902 *(32)* – Biographien und biographische Skizzen 1894–1905 *(33)* – Aufsätze aus «Lucifer-Gnosis» 1903–1908 *(34)* – Philosophie und Anthroposophie 1904–1918 *(35)* – Aufsätze aus «Das Goetheanum» 1921–1925 *(36)*

III. Veröffentlichungen aus dem Nachlaß

Briefe – Wahrspruchworte – Bühnenbearbeitungen – Entwürfe zu den vier Mysteriendramen 1910–1913 – Anthroposophie. Ein Fragment aus dem Jahre 1910 – Gesammelte Skizzen und Fragmente – Aus Notizbüchern und -blättern – *(38-47)*

B. DAS VORTRAGSWERK

I. Öffentliche Vorträge

Die Berliner öffentlichen Vortragsreihen, 1903/04 bis 1917/18 *(51-67)* – Öffentliche Vorträge, Vortragsreihen und Hochschulkurse an anderen Orten Europas 1906–1924 *(68-84)*

II. Vorträge vor Mitgliedern der Anthroposophischen Gesellschaft

Vorträge und Vortragszyklen allgemein-anthroposophischen Inhalts – Christologie und Evangelien-Betrachtungen – Geisteswissenschaftliche Menschenkunde – Kosmische und menschliche Geschichte – Die geistigen Hintergründe der sozialen Frage – Der Mensch in seinem Zusammenhang mit dem Kosmos – Karma-Betrachtungen – *(91-244)*
Vorträge und Schriften zur Geschichte der anthroposophischen Bewegung und der Anthroposophischen Gesellschaft *(251-263)*

III. Vorträge und Kurse zu einzelnen Lebensgebieten

Vorträge über Kunst: Allgemein Künstlerisches – Eurythmie – Sprachgestaltung und Dramatische Kunst – Musik – Bildende Künste – Kunstgeschichte *(271-292)* – Vorträge über Erziehung *(293-311)* – Vorträge über Medizin *(312-319)* – Vorträge über Naturwissenschaft *(320-327)* – Vorträge über das soziale Leben und die Dreigliederung des sozialen Organismus *(328-341)* – Vorträge für die Arbeiter am Goetheanumbau *(347-354)*

C. DAS KÜNSTLERISCHE WERK

Originalgetreue Wiedergaben von malerischen und graphischen Entwürfen und Skizzen Rudolf Steiners in Kunstmappen oder als Einzelblätter: Entwürfe für die Malerei des Ersten Goetheanum – Schulungsskizzen für Maler – Programmbilder für Eurythmie-Aufführungen – Eurythmieformen – Entwürfe zu den Eurythmiefiguren, u.a.

Die Bände der Rudolf Steiner Gesamtausgabe
sind innerhalb einzelner Gruppen einheitlich ausgestattet.
Jeder Band ist einzeln erhältlich.